Inhaltsverzeichnis

                                                                  Seite

I. Dauerarbeitsvertrag mit Arbeitern (ohne Tarifbindung und ohne Bezugnahme auf einen Tarifvertrag – ausführliche Form) 2

II. Dauerarbeitsvertrag mit Arbeitern (ohne Tarifbindung und ohne Bezugnahme auf einen Tarifvertrag – Kurzform) 9

III. Dauerarbeitsvertrag mit Arbeitern (bei beiderseitiger Tarifbindung oder Bezugnahme auf einen Tarifvertrag – ausführliche Form) 10

IV. Dauerarbeitsvertrag mit Arbeitern (bei beiderseitiger Tarifbindung oder Bezugnahme auf einen Tarifvertrag – Kurzform) . 16

V. **Anleitung für den Benutzer** 17

VI. Schrifttums-Hinweise 23

Hinweis

Kursivdruck bedeutet, daß für dieselbe Vertragsbestimmung (z. B. die Regelung des Entgelts) verschiedene Formulierungen zur Auswahl gestellt oder als Beispiele angeführt werden. Regelmäßig müssen dann alle Formulierungen bis auf eine gestrichen werden, damit keine Widersprüche entstehen. Im übrigen bitte erst die **Anleitung** auf Seite 17 lesen.

I. Dauerarbeitsvertrag mit Arbeitern (ohne Tarifbindung und ohne Bezugnahme auf einen Tarifvertrag – ausführliche Form)

Zwischen Herrn/Frau/Fräulein..... und der Firma..... wird folgender Arbeitsvertrag abgeschlossen:

§ 1 Beginn des Arbeitsverhältnisses

Das Arbeitsverhältnis beginnt am.....

oder

Das Arbeitsverhältnis beginnt am..... Herr/Frau/Fräulein wird seine/ihre Tätigkeit am..... aufnehmen. Herr/Frau/Fräulein..... hat vom..... an Anspruch auf Lohn.

Der Rücktritt vom Arbeitsvertrag oder seine Kündigung vor Aufnahme der Tätigkeit sind ausgeschlossen. (Falls kein befristetes Probearbeitsverhältnis vorausgehen soll: Die ersten ..... Wochen/Monate gelten als Probezeit. Während dieser Zeit kann das Arbeitsverhältnis beiderseits mit einer Frist von einem Monat zum Monatsende gekündigt werden.)

§ 2 Tätigkeit

Herr/Frau/Fräulein..... wird mit folgenden Arbeiten beschäftigt werden .....

oder

wird eingestellt als ..... (z. B. Lagerarbeiter, Dreher, Näherin, Metallfacharbeiter, Sortiererin).

Eine Umsetzung zu einer anderen zumutbaren Arbeit im gleichen Betrieb *(oder: in der gleichen Betriebsabteilung; oder: im Unternehmen der Firma .....)* bleibt vorbehalten unbeschadet der Mitbestimmungsrechte des Betriebsrates. Dabei darf eine Entgeltminderung nicht eintreten *(oder: erst nach zwei Wochen eintreten; oder: dabei richtet sich das Entgelt nach der neu zugewiesenen Tätigkeit).*

§ 3 Arbeitszeit

Die regelmäßige Arbeitszeit beträgt ..... Wochenstunden.

oder

Herr/Frau/Fräulein wird an folgenden Wochentagen je ..... Stunden von ..... bis ..... beschäftigt .....

Herr/Frau/Fräulein ..... ist verpflichtet, auch Nachtarbeit / Nachtschichtarbeit / Schichtarbeit / Sonntagsarbeit / Überstunden im gesetzlich zulässigen Umfang zu leisten.

oder

Herr/Frau/Fräulein ..... ist verpflichtet, Überstunden im gesetzlich zulässigen Umfang zu leisten, darf aber nicht mit Nachtarbeit / Nacht- oder Spätschichtarbeit / Sonntagsarbeit beschäftigt werden.

§ 4 Entgelt

Für die im Vertrag vorgesehene Tätigkeit erhält Herr/Frau/Fräulein ..... einen Stundenlohn *(oder: Schichtlohn/Wochenlohn/Monatslohn)* von ..... DM brutto zuzüglich einer Familienzulage/Kinderzulage/Schmutzzulage/ Erschwerniszulage in Höhe von ..... DM

oder

Akkordlohn (oder Stücklohn) nach den betriebsüblichen Sätzen (oder: nach einem Akkordrichtsatz von ..... DM und arbeitswissenschaftlich bzw. betriebsüblich festgelegten Vorgabezeiten; oder: in Höhe von ..... DM je Stück)

oder

Prämienlohn, der nach betriebsüblichen (oder: nach folgenden) Grundsätzen berechnet wird .....

Arbeiten, die für Akkord- oder Prämienlohn geeignet sind, sind in einer dieser Lohnformen zu vergeben. Übergang von Akkord- oder Prämienarbeiten zu Zeitlohnarbeiten führt sofort (oder: nach ..... Tagen/Wochen) zum Wechsel der Entlohnungsform

oder

Herr/Frau/Fräulein ..... erhält eine Entlohnung, die sich nach der jeweils ausgeübten Tätigkeit und den dafür geltenden betrieblichen Grundsätzen richtet.

Herr/Frau/Fräulein erhält Gewinnbeteiligung / Umsatzbeteiligung / Ergebnisbeteiligung nach den dafür geltenden betrieblichen Grundsätzen.

Für Nachtarbeit / Nachtschicht / Sonntagsarbeit / Überstunden werden folgende Zuschläge zum Lohn gezahlt:.....

Durch den gezahlten Schichtlohn/Wochenlohn/Monatslohn sind..... Überstunden im Monat abgegolten.

Arbeitsbereitschaft wird wie Arbeit im Stundenlohn bezahlt *(oder: wird mit..... DM je Stunde bezahlt).*

Die Lohnzahlung wird jeweils am Letzten eines Monats / *zum Wochenschluß* fällig. Die Zahlung erfolgt bargeldlos auf ein vom Arbeitnehmer einzurichtendes Konto.

§ 5 Lohnabtretung

Verpfändungen und Abtretungen der Lohnforderung sind unverzüglich anzuzeigen *(oder: sind nur mit Zustimmung der Firma zulässig; oder: sind ausgeschlossen).* Die für die Bearbeitung von Lohnpfändungen/Lohnverpfändungen/Lohnabtretungen der Firma entstehenden Kosten hat Herr/Frau/Fräulein..... selbst zu tragen in Höhe von..... % der abzuführenden Summe *(oder: in Höhe von..... DM je angefangene 100,– DM der Summe, oder: in Höhe von..... DM je Pfändung/Verpfändung/Abtretung).*

§ 6 Entgeltfortzahlung bei Arbeitsversäumnis

Grundsätzlich wird nur die geleistete Arbeit bezahlt. (Bei Schicht-, Wochen- und Monatslöhnern zusätzlich: Soweit bei Arbeitsausfall kein Anspruch auf Entgeltfortzahlung besteht, vermindert sich die Lohnfortzahlung im Verhältnis der versäumten Arbeitsstunden/Schichten/Arbeitstage zu der Schicht-/Wochen-/Monatsarbeitszeit.) Anspruch auf Entgeltfortzahlung besteht in folgenden Fällen:

a) Bei ärztlich nachgewiesener unverschuldeter Krankheit im Rahmen des Lohnfortzahlungsgesetzes; bei Betriebsunfall oder betrieblich verursachter Krankheit wird nach Ablauf von sechs Wochen ein Zuschuß zum Krankengeld in Höhe des Unterschiedsbetrages zwischen Krankengeld und..... % des regelmäßigen Nettoarbeitsentgelts für..... weitere Wochen gezahlt

oder

bei unverschuldeter Krankheit *(oder: .....)* wird über die gesetzlichen sechs Wochen hinaus für..... Tage/Wochen/Monate der Stundendurchschnittslohn *(oder: ..... % des Stundendurchschnittslohnes)* der vorhergehenden letzten drei Monate weitergezahlt. (Nur bei Schicht-/Wochen-/Monatslöh-

nern: Bei unverschuldeter Krankheit [oder: . . . . .] wird über die gesetzlichen sechs Wochen hinaus für . . . . . Tage/Wochen/Monate der Schicht-/Wochen-/ Monatslohn [oder: . . . . . % des Schicht-/Wochen-/Monatslohnes] weitergezahlt).

(Falls eine Entgeltfortzahlung für länger als sechs Wochen vereinbart wird, so kann folgender Zusatz angebracht sein: Erkrankt Herr/Frau/Fräulein . . . . . wiederholt innerhalb von zwei Jahren, gerechnet vom Beginn der ersten Erkrankung an, so beschränkt sich die über den gesetzlichen Umfang hinaus gewährte Fortzahlung der Bezüge auf . . . . . Monate/*Wochen* insgesamt.)

Geht Herr/Frau/Fräulein . . . . . vertragswidrig einer entgeltlichen Nebenbeschäftigung nach und erleidet dabei einen Unfall, der zur Arbeitsunfähigkeit führt, so besteht kein Anspruch auf Zuschuß- oder Entgeltfortzahlung über die gesetzlichen Ansprüche hinaus.

b) Bei anderweitiger unverschuldeter Arbeitsversäumnis aus in der Person des Arbeitnehmers liegenden Gründen *(oder: in folgenden weiteren Fällen unverschuldeter Arbeitsversäumnis . . . . .)* wird das Durchschnittsentgelt der letzten drei Monate für . . . . . Tage/Wochen/Monate weitergezahlt *(oder: zu . . . . . % weitergezahlt).*

c) Das Durchschnittsentgelt der letzten drei Monate wird weitergezahlt für . . . . . Tage bei eigener Hochzeit, Geburt eines Kindes, Hochzeit eigener Kinder, Tod naher Angehöriger, Familienumzug *(oder: für bezahlte Sonderurlaubstage wird auf die im Betrieb geltende Betriebsvereinbarung/Regelung verwiesen).*

§ 7 Erholungsurlaub

Herr/Frau/Fräulein . . . . . erhält einen Erholungsurlaub von . . . . . Tagen, der sich nach jeweils . . . . . Beschäftigungsjahren bei der Firma . . . . . um je . . . . . Tage erhöht. Werktage, an denen infolge anderweitiger Verteilung der Arbeitszeit nicht gearbeitet wird, werden auf den Erholungsurlaub angerechnet/*nicht angerechnet*. Während des Erholungsurlaubs ist eine dem Urlaubszweck widersprechende Erwerbstätigkeit untersagt.

Die Firma . . . . . gewährt freiwillig ein zusätzliches Urlaubsgeld von DM . . . . . je Urlaubstag/*Urlaubsjahr*. Herr/Frau/Fräulein . . . . . erkennt an, daß er/sie keinen Rechtsanspruch auf dieses frei widerrufliche Urlaubsgeld hat. Scheidet Herr/Frau/Fräulein . . . . . auf Grund eigener Kündigung bis zum Ende des Kalenderjahres, in dem das zusätzliche Urlaubsgeld gewährt wurde, aus den Diensten der Firma ..... aus oder wird er/sie aus einem wichtigen Grunde, den er/sie zu vertreten hat, bis zu diesem Zeitpunkt fristlos entlassen, so ist er/sie verpflichtet, das zusätzliche Urlaubsgeld in voller Höhe *(oder: zur Hälfte)* zurückzuzahlen. *(Oder: ist die Firma ..... berechtigt, den Betrag des freiwilligen Urlaubsgeldes bis zur Höhe des pfändbaren Teiles der Vergütung vom letzten Gehalt einzubehalten. Oder: ist die Firma ..... berechtigt, mit dem Betrag des freiwilligen Urlaubsgeldes bis zur Höhe des pfändbaren Teiles der Vergütung gegen das letzte Gehalt aufzurechnen. [Für beide Fassungen:] Herr/Frau/Fräulein ..... verpflichtet sich, den Restbetrag an die Firma ..... zurückzuzahlen.)*

§ 8 Sonderleistungen

Die Firma ..... gewährt Herrn/Frau/Fräulein ..... folgende Sonderleistungen:

a) Altersversorgung nach den dafür von der Firma aufgestellten betrieblichen Grundsätzen.

b) Eine Werkwohnung *(oder: werkgeförderte Wohnung) nach näherer Maßgabe des Mietvertrages (oder: ein Wohnungsdarlehen in Höhe von ..... DM, das monatlich/jährlich in Höhe von ..... DM durch Einbehaltung vom Lohn zu tilgen ist und innerhalb von ..... Wochen/Monaten fällig wird, wenn Herr/Frau/Fräulein ..... von sich aus das Arbeitsverhältnis löst, ohne daß ein schuldhaftes, zur fristlosen Kündigung berechtigendes Verhalten der Firma vorliegt, oder wenn die Firma wegen eines verschuldeten wichtigen Grundes fristlos kündigt).*

c) Umzugskosten in nachgewiesener Höhe *(oder: in Höhe von ..... DM; oder: bis zum Gesamtbetrage von ..... DM)*. Die Umzugskosten sind innerhalb von ..... Wochen/Monaten zurückzuzahlen, wenn Herr/Frau/Fräulein ..... innerhalb eines Jahres nach dem Umzug das Arbeitsverhältnis löst, ohne daß ein zur fristlosen Kündigung berechtigender Grund für Herrn/ Frau/Fräulein ..... vorliegt, oder wenn die Firma wegen eines verschuldeten wichtigen Grundes fristlos kündigt.

d) Herr/Frau/Fräulein ..... erhält folgende Naturalleistungen: ..... Die Leistungen sind nur für den eigenen Gebrauch bestimmt; eine Veräußerung ist untersagt und berechtigt die Firma zur Rückforderung *(oder: berechtigt die Firma, den Erlös von Herrn/Frau/Fräulein ..... herauszuverlangen).*

e) Soweit die Firma ..... allgemein eine Weihnachtsgratifikation/*Jahresgratifikation* gewährt, erhält Herr/Frau/Fräulein ..... diese ebenfalls. Bei einer Beschäftigungsdauer von weniger als 12 Monaten im Kalenderjahr be-

steht ein anteiliger Anspruch auf die Gratifikation. Herr/Frau/Fräulein .....
erkennt an, daß er/sie keinen Rechtsanspruch auf diese frei widerrufliche
Gratifikation hat. Ist das Arbeitsverhältnis bei Auszahlung der Weihnachtsgratifikation/*Jahresgratifikation* gekündigt, so entfällt die Zahlung *(oder: ermäßigt sich die Gratifikation auf* ..... *%).*

Scheidet Herr/Frau/Fräulein ..... auf Grund eigener Kündigung vor dem 31. März des auf die Gewährung der Weihnachtsgratifikation/*Jahresgratifikation* folgenden Jahres oder, sofern die Gratifikation eine Monatsvergütung übersteigt, bis zum 30. 6. des auf die Gewährung folgenden Jahres aus den Diensten der Firma ..... aus oder wird er/sie bis zu diesem Zeitpunkt aus einem wichtigen Grunde, den er/sie zu vertreten hat, fristlos entlassen, ist er/sie verpflichtet, die Gratifikation in voller Höhe *(oder: zur Hälfte)* zurückzuzahlen *(oder: ist die Firma* ..... *berechtigt, den Betrag der Gratifikation bis zur Höhe des pfändbaren Teiles der Vergütung vom letzten Gehalt einzubehalten. Oder: ist die Firma* ..... *berechtigt, mit dem Gratifikationsbetrag bis zur Höhe des pfändbaren Teiles der Vergütung gegen das letzte Gehalt aufzurechnen. [Für beide Fassungen:] Herr/Frau/Fräulein* ..... *verpflichtet sich, den Restbetrag der Gratifikation an die Firma* ..... *zurückzuzahlen).*

§ 9 Wettbewerbsverbot und Verschwiegenheitspflicht

Alle während der Tätigkeit bekannt gewordenen betriebsinternen Angelegenheiten, insbesondere Geschäfts- und Betriebsgeheimnisse, sind geheimzuhalten.

Herr/Frau/Fräulein ..... verpflichtet sich, während des Bestehens des Arbeitsverhältnisses nicht in die Dienste eines Konkurrenzunternehmens zu treten, sich daran zu beteiligen oder es in anderer Weise zu unterstützen.

Weiter verpflichtet sich Herr/Frau/Fräulein ....., für die Dauer von ..... Monaten/Jahren nach Beendigung des Arbeitsverhältnisses nicht in die Dienste eines Konkurrenzunternehmens *(oder: z. B. eines Unternehmens zur Herstellung von Fernsehgeräten/Kunstfasern/Kugellagern)* im Bereich ..... (z. B. der Stadt Hamburg, des Landes Niedersachsen, der Bundesrepublik Deutschland) zu treten, ein solches Unternehmen zu gründen, sich daran zu beteiligen oder es in anderer Weise zu unterstützen. Die Firma ..... wird zum Ausgleich hierfür eine monatliche Entschädigung in Höhe von ..... *(z. B. der Hälfte, drei Vierteln, 100%)* der letzten Bezüge von Herrn/Frau/Fräulein ..... zahlen. Die Entschädigung wird zugleich dafür gezahlt, daß Herr/Frau/Fräulein ..... auch nach Beendigung des Arbeitsverhältnisses Geschäfts- und Betriebsgeheimnisse wahrt, die ihm/ihr während seiner/ihrer Tätigkeit bei der Firma ..... bekannt geworden sind.

§ 10 Nebenbeschäftigung

Herr/Frau/Fräulein ..... bedarf während der Dauer des Arbeitsverhältnisses zu einer auf Erwerb gerichteten Nebentätigkeit der schriftlichen Genehmigung der Firma, soweit die Nebentätigkeit nach Art oder Umfang seine/ihre Leistungsfähigkeit für die Firma beeinträchtigen kann.

§ 11 Beendigung des Arbeitsverhältnisses

Das Arbeitsverhältnis endet von selbst, ohne daß es einer Kündigung bedarf, am Letzten des Monats, in dem Herr/Frau/Fräulein ..... das 65. Lebensjahr vollendet. Vorher kann es von beiden Seiten jederzeit mit einer Frist von einem Monat zum Monatsende *(oder: sechs Wochen zum Quartalsende)* gekündigt werden. Gesetzliche Verlängerungen der Kündigungsfrist und Festlegungen der Kündigungstermine gelten auch zugunsten der Firma.

§ 11a Vertragsstrafe

Beendet Herr/Frau/Fräulein ..... seine/ihre Tätigkeit für die Firma ..... ohne wichtigen Grund und ohne Einhaltung einer Kündigungsfrist (Arbeitsvertragsbruch), oder handelt er/sie dem Wettbewerbsverbot des § 8 zuwider, so kann die Firma ....., unbeschadet ihrer sonstigen Rechte, für jeden Monat des Vertragsbruches bzw. der Zuwiderhandlung eine Vertragsstrafe von DM ..... verlangen.

§ 12 Hinweis

Im übrigen gelten die gesetzlichen Bestimmungen, die Arbeitsordnung und die Betriebsvereinbarungen. Vertragsänderungen bedürfen der Schriftform. Die etwaige Ungültigkeit einzelner Vertragsbestimmungen berührt die Gültigkeit der übrigen Bestimmungen dieses Vertrages nicht.

II. Dauerarbeitsvertrag mit Arbeitern (ohne Tarifbindung und ohne Bezugnahme auf einen Tarifvertrag – Kurzform)

Zwischen Herrn/Frau/Fräulein ..... und der Firma ..... wird folgender Arbeitsvertrag abgeschlossen:

Herr/Frau/Fräulein ..... tritt mit dem ..... in die Dienste der Firma ..... als ..... *(z. B. Lagerarbeiter, Dreher, Näherin, Metallfacharbeiter, Sortiererin)*, ist aber verpflichtet, auch andere zumutbare Arbeiten zu verrichten. Er/sie erhält einen Stundenlohn *(oder: Schichtlohn/Wochenlohn/Monatslohn)* von ..... DM brutto *oder Akkordlohn (oder: Stücklohn) nach den betrieblichen Sätzen*. Bezahlt wird nur geleistete Arbeit mit den im Gesetz vorgesehenen Ausnahmen. Das Arbeitsverhältnis ist jederzeit mit einer Frist von einem Monat zum Monatsende kündbar. Im übrigen gelten die gesetzlichen Bestimmungen, die Arbeitsordnung und die Betriebsvereinbarungen.

III. Dauerarbeitsvertrag mit Arbeitern (bei beiderseitiger Tarifbindung oder Bezugnahme auf einen Tarifvertrag – ausführliche Form)

Zwischen Herrn/Frau/Fräulein ..... und der Firma ..... wird folgender Arbeitsvertrag abgeschlossen:

§ 1 Beginn des Arbeitsverhältnisses

Das Arbeitsverhältnis beginnt am .....

oder

Das Arbeitsverhältnis beginnt am ..... Herr/Frau/Fräulein wird seine/ihre Tätigkeit am ..... aufnehmen. Er/sie hat vom ..... an Anspruch auf Lohn.

Es besteht Bindung an den Manteltarifvertrag vom ....., den Lohntarifvertrag vom ..... und den Urlaubstarifvertrag vom ....., sämtlich abgeschlossen zwischen ..... *(oder, bei fehlender Tarifbindung: Auf das Arbeitsverhältnis finden der Manteltarifvertrag vom ....., der Lohntarifvertrag vom ..... und der Urlaubstarifvertrag vom ....., sämtlich abgeschlossen zwischen ....., Anwendung, und zwar in der zur Zeit des Abschlusses dieses Arbeitsvertrages geltenden Fassung [oder: in der jeweils geltenden Fassung]).*

§ 2 Tätigkeit

Herr/Frau/Fräulein ..... wird mit folgenden Arbeiten *(oder: Arbeiten nach Tarifgruppe .....)* beschäftigt werden: .....

oder

wird eingestellt als ..... (z. B. Lagerarbeiter, Dreher, Näherin, Metallfacharbeiter, Sortiererin).

Eine Umsetzung zu einer anderen zumutbaren Arbeit im gleichen Betrieb *(oder: in der gleichen Betriebsabteilung; oder: im Unternehmen der Firma .....)* bleibt vorbehalten unbeschadet der Mitbestimmungsrechte des Betriebsrates. Dabei darf eine Entgeltminderung nicht eintreten *(oder, soweit der Tarifvertrag nichts anderes bestimmt: Eine Entgeltminderung darf erst nach zwei Wochen eintreten; oder: Dabei richtet sich das Entgelt nach der neu zugewiesenen Tätigkeit).*

§ 3 Arbeitszeit

Die Arbeitszeit richtet sich nach dem Tarifvertrag *(oder: ..... beträgt mangels tariflicher Regelung ..... Wochenstunden, oder: Herr/Frau/Fräulein wird an folgenden Wochentagen je . . . . . Stunden von . . . . . bis . . . . . beschäftigt . . . . .).*

Herr/Frau/Fräulein . . . . . ist verpflichtet, auch Nachtarbeit/Nachtschichtarbeit/Schichtarbeit/Sonntagsarbeit/Überstunden im gesetzlich und tariflich zulässigen Umfang zu leisten.

oder

Herr/Frau/Fräulein . . . . . ist verpflichtet, Überstunden im Rahmen des gesetzlich und tariflich Zulässigen zu leisten, darf aber nicht mit Nachtarbeit/Nacht- oder Spätschichtarbeit/Sonntagsarbeit beschäftigt werden.

§ 4 Entgelt

Für die im Vertrag vorgesehene Tätigkeit erhält Herr/Frau/Fräulein . . . . . den tariflichen Stundenlohn *(oder: den tariflichen Schichtlohn/Wochenlohn/ Monatslohn)*

oder

Akkordlohn (oder: Stücklohn) nach dem tariflichen Akkordrichtsatz und arbeitswissenschaftlich bzw. betriebsüblich festgelegten Vorgabezeiten

oder

Prämienlohn, der nach den tariflichen (oder: nach betrieblichen, oder: nach folgenden) Grundsätzen berechnet wird . . . . .

Herr/Frau/Fräulein . . . . . erhält Gewinnbeteiligung/Umsatzbeteiligung/Ergebnisbeteiligung nach den dafür geltenden betrieblichen oder tariflichen Grundsätzen.

Für Nachtarbeit/Nachtschichtarbeit/Sonntagsarbeit/Überstunden werden nach den tariflichen Grundsätzen *(bei deren Fehlen: folgende)* Zuschläge bezahlt.

Arbeitsbereitschaft wird nach den tariflichen Grundsätzen *(bei deren Fehlen: wie Arbeit im Stundenlohn, oder: mit . . . . . DM je Stunde)* bezahlt.

Herr/Frau/Fräulein . . . . . erhält eine übertarifliche Zulage in Höhe von . . . . . sowie eine Familienzulage/Kinderzulage/Schmutzzulage/Erschwerniszulage in Höhe von . . . . . DM. Sämtliche Zulagen sind jederzeit widerruflich; die Zusage gilt nur bis zu einer Änderung der derzeitigen tariflichen Lohnsätze und tritt zu diesem Zeitpunkt außer Kraft.

Durch die gezahlte übertarifliche Zulage werden . . . . . Überstunden im Monat abgegolten.

§ 5 Lohnabtretung

Verpfändungen und Abtretungen der Lohnforderung sind unverzüglich anzuzeigen *(oder: sind nur mit Zustimmung der Firma zulässig; oder: sind ausgeschlossen)*. Die für die Bearbeitung von Lohnpfändungen/Lohnabtretungen/Lohnverpfändungen der Firma entstehenden Kosten hat Herr/Frau/Fräulein ..... selbst zu tragen in Höhe von ..... % der abzuführenden Summe *(oder: in Höhe von ..... DM je angefangene 100,– DM der Summe, oder: in Höhe von ..... DM je Pfändung/Verpfändung/Abtretung).*

§ 6 Entgeltfortzahlung bei Arbeitsversäumnis

Grundsätzlich wird nur die geleistete Arbeit bezahlt. (Bei Schicht-/Wochen-/Monatslöhnern zusätzlich: Soweit bei Arbeitsausfall kein Anspruch auf Entgeltfortzahlung besteht, vermindert sich die Lohnforderung im Verhältnis der versäumten Arbeitsstunden/Schichten/Arbeitstage zu der Schicht-/Wochen-/Monatsarbeitszeit.) Anspruch auf Entgeltfortzahlung besteht in den gesetzlich und tariflich geregelten Fällen und in folgenden zusätzlichen Fällen: .....

§ 7 Erholungsurlaub

Herr/Frau/Fräulein ..... erhält den tariflich vorgesehenen Erholungsurlaub. Er/sie erhält ferner einen Zusatzurlaub von ..... Tagen und nach jeweils ..... Beschäftigungsjahren bei der Firma ..... jeweils weitere ..... Tage zusätzlich. Werktage, an denen infolge anderweitiger Verteilung der Arbeitszeit nicht gearbeitet wird, werden auf den Erholungsurlaub angerechnet/*nicht angerechnet.*

Ferner gewährt die Firma ..... ein zusätzliches Urlaubsgeld in tariflicher Höhe. *(Oder wenn eine tarifliche Regelung insoweit fehlt: Die Firma ..... gewährt freiwillig ein zusätzliches Urlaubsgeld von DM ..... je Urlaubstag/Urlaubsjahr.)* Herr/Frau/Fräulein ..... erkennt an, daß er/sie keinen Rechtsanspruch auf dieses frei widerrufliche Urlaubsgeld hat. Scheidet Herr/Frau/Fräulein ..... auf Grund eigener Kündigung bis zum Ende des Kalenderjahres, in dem das zusätzliche Urlaubsgeld gewährt wurde, aus den Diensten der Firma ..... aus, oder wird er/sie aus einem wichtigen Grunde, den er/sie zu vertreten hat, bis zu diesem Zeitpunkt fristlos entlassen, so ist er/sie verpflichtet, das zusätzliche Urlaubsgeld in voller Höhe *(oder: zur Hälfte)* zurückzuzahlen. *(Oder: ist die Firma ..... berechtigt, den Betrag des freiwilligen Urlaubsgeldes bis zur Höhe des pfändbaren Teiles der Vergütung vom letzten Gehalt einzubehalten. Oder: ist die Firma ..... berechtigt, mit dem Betrag des freiwilligen Urlaubsgeldes bis zur Höhe des pfändbaren Teiles der Vergütung gegen das letzte Gehalt aufzurechnen. [Für beide Fassungen:] Herr/Frau/Fräulein ..... verpflichtet sich, den Restbetrag an die Firma ..... zurückzuzahlen.)*

Während des Erholungsurlaubs ist eine dem Urlaubszweck widersprechende Erwerbstätigkeit untersagt.

§ 8 Sonderleistungen

Die Firma gewährt Herrn/Frau/Fräulein ..... folgende Sonderleistungen:

a) Altersversorgung nach den dafür von der Firma aufgestellten betrieblichen Grundsätzen.

b) Eine Werkwohnung *(oder: werkgeförderte Wohnung)* nach näherer Maßgabe des Mietvertrages *(oder: ein Wohnungsdarlehen in Höhe von ..... DM, das monatlich/jährlich in Höhe von ..... DM durch Einbehaltung vom Lohn zu tilgen ist und innerhalb von ..... Wochen/Monaten fällig wird, wenn Herr/Frau/Fräulein ..... von sich aus das Arbeitsverhältnis löst, ohne daß ein zur fristlosen Kündigung berechtigender Grund für Herrn/Frau/Fräulein ..... vorliegt, oder wenn die Firma wegen eines verschuldeten wichtigen Grundes fristlos kündigt).*

c) Umzugskosten in nachgewiesener Höhe *(oder: in Höhe von ..... DM/ oder: bis zum Gesamtbetrag von ..... DM)*. Die Umzugskosten sind innerhalb von ..... Wochen/Monaten zurückzuzahlen, wenn Herr/Frau/Fräulein ..... innerhalb eines Jahres nach dem Umzug das Arbeitsverhältnis löst, ohne daß ein zur fristlosen Kündigung berechtigender Grund für Herrn/ Frau/Fräulein ..... vorliegt, oder wenn die Firma wegen eines verschuldeten wichtigen Grundes fristlos kündigt.

d) Herr/Frau/Fräulein ..... erhält folgende Naturalleistungen ..... Die Leistungen sind nur für den eigenen Gebrauch bestimmt; eine Veräußerung ist untersagt und berechtigt die Firma zur Rückforderung *(oder: berechtigt die Firma, den Erlös von Herrn/Frau/Fräulein ..... herauszuverlangen)*.

e) Die Firma gewährt Weihnachtsgratifikation *(Jahresgratifikation)* nach den tariflichen Bestimmungen *(oder, wenn solche fehlen: Soweit die Firma ..... allgemein eine Weihnachtsgratifikation/Jahresgratifikation gewährt, erhält Herr/Frau/Fräulein ..... diese ebenfalls.)* Bei einer Beschäftigungsdauer von weniger als 12 Monaten im Kalenderjahr besteht ein anteiliger Anspruch auf die Gratifikation. Herr/Frau/Fräulein ..... erkennt an, daß er/sie keinen Rechtsanspruch auf diese frei widerrufliche Gratifikation hat. Ist das

Arbeitsverhältnis bei Auszahlung der Weihnachtsgratifikation/Jahresgratifikation gekündigt, so entfällt die Zahlung *(oder: ermäßigt sich die Gratifikation auf . . . . . %)*.

Scheidet Herr/Frau/Fräulein . . . . . auf Grund eigener Kündigung vor dem 31. März des auf die Gewährung der Weihnachtsgratifikation/Jahresgratifikation folgenden Jahres aber, sofern die Gratifikation eine Monatsvergütung übersteigt, bis zum 30. 6. des auf die Gewährung folgenden Jahres aus den Diensten der Firma . . . . . aus, oder wird er/sie bis zu diesem Zeitpunkt aus einem wichtigen Grunde, den er/sie zu vertreten hat, fristlos entlassen, ist er/sie verpflichtet, die Gratifikation in voller Höhe *(oder: zur Hälfte)* zurückzuzahlen *(oder: ist die Firma . . . . . berechtigt, den Betrag der Gratifikation bis zur Höhe des pfändbaren Teiles der Vergütung vom letzten Gehalt einzubehalten. Oder: ist die Firma . . . . . berechtigt, mit dem Gratifikationsbetrag bis zur Höhe des pfändbaren Teiles der Vergütung gegen das letzte Gehalt aufzurechnen. [Für beide Fassungen:] Herr/Frau/Fräulein . . . . . verpflichtet sich, den Restbetrag der Gratifikation an die Firma . . . . . zurückzuzahlen)*.

§ 9 Wettbewerbsverbot und Verschwiegenheitspflicht

Alle während der Tätigkeit bekanntgewordenen betriebsinternen Angelegenheiten, insbesondere Geschäfts- und Betriebsgeheimnisse, sind geheimzuhalten.

Herr/Frau/Fräulein . . . . . verpflichtet sich, während des Bestehens des Arbeitsverhältnisses nicht in die Dienste eines Konkurrenzunternehmens zu treten, sich daran zu beteiligen oder es in anderer Weise zu unterstützen.

Weiter verpflichtet sich Herr/Frau/Fräulein . . . . . , für die Dauer von . . . . . Monaten/Jahren nach Beendigung des Arbeitsverhältnisses nicht in die Dienste eines Konkurrenzunternehmens *(oder: z. B. eines Unternehmens zur Herstellung von Fernsehgeräten/Kunstfasern/Kugellagern)* im Bereich . . . . . *(z. B. der Stadt Hamburg, des Landes Niedersachsen, der Bundesrepublik Deutschland)* zu treten, ein solches Unternehmen zu gründen, sich daran zu beteiligen oder es in anderer Weise zu unterstützen. Die Firma . . . . . wird zum Ausgleich hierfür eine monatliche Entschädigung in Höhe von . . . . . *(z. B. der Hälfte, drei Vierteln, 100%)* der letzten Bezüge von Herrn/Frau/Fräulein . . . . . zahlen. Die Entschädigung wird zugleich dafür gezahlt, daß Herr/Frau/Fräulein . . . . . auch nach Beendigung des Arbeitsverhältnisses Geschäfts- und Betriebsgeheimnisse wahrt, die ihm/ihr während seiner/ihrer Tätigkeit bei der Firma . . . . . bekannt geworden sind.

§ 10 Nebenbeschäftigung

Herr/Frau/Fräulein ..... bedarf während der Dauer des Arbeitsverhältnisses zu einer auf Erwerb gerichteten Nebentätigkeit der schriftlichen Genehmigung der Firma, soweit die Nebentätigkeit nach Art und Umfang seine/ihre Leistungsfähigkeit für die Firma beeinträchtigen kann.

§ 11 Beendigung des Arbeitsverhältnisses

Das Arbeitsverhältnis endet von selbst, ohne daß es einer Kündigung bedarf, am Letzten des Monats, in dem Herr/Frau/Fräulein ..... das 65. Lebensjahr vollendet. Vorher kann es von beiden Seiten mit den tariflichen Fristen zu den tariflich vorgesehenen Terminen *(oder bei Fehlen von Tarifbestimmungen: mit den gesetzlichen/mit folgenden Fristen und Terminen)* gekündigt werden*.

Gesetzliche oder tarifliche Verlängerungen der Kündigungsfrist und Festlegung der Kündigungstermine gelten auch zugunsten der Firma.

§ 12 Vertragsstrafe

Beendet Herr/Frau/Fräulein ..... seine/ihre Tätigkeit für die Firma ..... ohne wichtigen Grund und ohne Einhaltung einer Kündigungsfrist (Arbeitsvertragsbruch), oder handelt er/sie dem Wettbewerbsverbot des § 8 zuwider, so kann die Firma ....., unbeschadet ihrer sonstigen Rechte, für jeden Monat des Vertragsbruches bzw. der Zuwiderhandlung eine Vertragsstrafe von DM ..... verlangen.

§ 13 Hinweis

Im übrigen gelten die gesetzlichen Bestimmungen, die Arbeitsordnung und die Betriebsvereinbarungen. Vertragsänderungen bedürfen der Schriftform. Die etwaige Ungültigkeit einzelner Vertragsbestimmungen berührt die Gültigkeit der übrigen Bestimmungen dieses Vertrages nicht.

---

* Beachten Sie zu den Kündigungsfristen bitte die Anleitung für den Benutzer.

IV. Dauerarbeitsvertrag mit Arbeitern
(bei beiderseitiger Tarifbindung oder Bezugnahme auf einen Tarifvertrag – Kurzform)

Zwischen Herrn/Frau/Fräulein ..... und der Firma ..... wird folgender Arbeitsvertrag abgeschlossen:

Herr/Frau/Fräulein ..... tritt mit dem ..... in den Dienst der Firma ..... als ..... *(z. B. Lagerarbeiter/Dreher/Näherin/Metallfacharbeiter/Sortiererin)*, ist aber verpflichtet, auch andere zumutbare Arbeiten zu verrichten. Es besteht beiderseits Tarifbindung an den Manteltarifvertrag vom ....., den Lohntarifvertrag vom ..... und den Urlaubstarifvertrag vom ....., sämtlich abgeschlossen zwischen .... *(oder, bei fehlender Tarifbindung: Auf das Arbeitsverhältnis finden der Manteltarifvertrag vom ...., der Lohntarifvertrag vom .... und der Urlaubstarifvertrag vom ...., sämtlich abgeschlossen zwischen .... Anwendung, und zwar in der zur Zeit des Abschlusses dieses Arbeitsvertrages geltenden Fassung [oder: in der jeweils geltenden Fassung])*. Im übrigen gelten die gesetzlichen Bestimmungen, die Arbeitsordnung und die Betriebsvereinbarungen.

V. Anleitung für den Benutzer

1. Die Muster sollen vor allem Anhaltspunkte geben, woran Sie beim Abschluß eines Arbeitsvertrages denken müssen und wie man die Vertragsbestimmungen zweckmäßig und rechtlich einwandfrei formuliert. Sie sollen aber nicht kritiklos übernommen, sondern den betrieblichen Bedürfnissen angepaßt werden. Wo in der Praxis häufig verschiedenartige Regelungen vorkommen, sind mehrere Formulierungen zur Auswahl gestellt oder als Beispiel angeführt. Streichen Sie die für Sie unzutreffende oder nicht gewünschte Variante, oder ändern Sie diese nach den besonderen Verhältnissen des Betriebes und des betreffenden Arbeitsverhältnisses. Hervorhebungen im Druck *(Kursivdruck)* zeigen, daß für die betreffende Stelle verschiedene Abwandlungen denkbar sind, und daß Sie sich überlegen müssen, was im Einzelfalle in Frage kommt. Wo *Kursivdruck* erscheint, muß etwas gestrichen werden, da nicht mehrere einander widersprechende Bestimmungen stehenbleiben dürfen!

2. Beiderseitige Tarifbindung besteht in folgenden Fällen:

a) Der Arbeitnehmer gehört einer Gewerkschaft an, der Arbeitgeber einem Arbeitgeberverband, beide Verbände haben einen Tarifvertrag abgeschlossen (Verbandstarif), in dessen räumlichen, betrieblichen, fachlichen und persönlichen Geltungsbereich das Arbeitsverhältnis fällt; statt eines Arbeitgeberverbandes kann auch der einzelne Arbeitgeber selbst Tarifvertragspartei sein (Firmentarif, Betriebstarif, Haustarif);

b) zwar gehören entweder der Arbeitnehmer oder der Arbeitgeber oder alle beide keinem tarifschließenden Verband an, ein Tarifvertrag, in dessen räumlichen, betrieblichen, fachlichen und persönlichen Geltungsbereich das Arbeitsverhältnis fällt, ist aber für allgemeinverbindlich erklärt worden.

3. Besteht keine Tarifbindung, so sind Arbeitgeber und Arbeitnehmer im Rahmen der gesetzlichen Bestimmungen frei, die Arbeitsbedingungen auszuhandeln und vertraglich festzulegen. Wollen Sie alle Arbeitsbedingungen im einzelnen selbst regeln, benutzen Sie die Muster I (ausführliche Form) oder II (Kurzform). Aus Gründen der Vereinfachung oder um gleichmäßige Arbeitsbedingungen im Betrieb zu erhalten, wenn ohnehin ein Teil der Belegschaft tarifgebunden ist, kann im Arbeitsvertrag auf einen Tarifvertrag verwiesen werden; hierzu benutzen Sie bitte die Muster III (ausführliche Form) oder IV (Kurzform). Wenn auf den Tarifvertrag verwiesen werden soll, müssen Sie sich überlegen, ob nur der jetzt geltende Tarifvertrag zum Inhalt des Arbeitsvertrages werden soll oder der jeweils geltende. In dem letztgenannten Falle ändern sich die Arbeitsbedingungen automatisch mit den tariflichen, zum Beispiel bei tariflichen Lohnerhöhungen, während es in dem erstgenannten Falle bei den einmal vereinbarten Bedingungen verbleibt.

4. Bei beiderseitiger Tarifbindung dürfen keine Arbeitsbedingungen vereinbart werden, die für den Arbeitnehmer ungünstiger sind als die tariflichen. Bei Tarifbindung ist der Blick in den Tarifvertrag unerläßlich. Da nicht in jedem Tarifvertrag alle nur denkbaren Arbeitsbedingungen geregelt sind, bleibt meistens noch Raum für einzelvertragliche Abmachungen. Verwenden Sie hier die Muster III (ausführliche Form) und IV (Kurzform). Die Muster sind abgestellt auf die häufigsten Tarifregelungen, müssen aber in jedem Falle auf den Tarifvertrag abgestellt werden, weil die Tarifverträge sehr unterschiedliche Regelungen enthalten. Die Muster geben außerdem Anhaltspunkte, wie Vereinbarungen über etwaige übertarifliche und außertarifliche Leistungen zu formulieren sind. Regelt der Tarifvertrag nur Einzelfragen (z. B. nur den Lohn), so benutzen Sie zweckmäßigerweise für die tariflich nicht geregelten Arbeitsbedingungen die betreffenden Formulierungen aus Muster I statt aus Muster III.

5. Ausführliche Arbeitsverträge (Muster I und III) sind immer dann zu empfehlen, wenn man damit rechnet, daß das Arbeitsverhältnis langen Bestand haben soll; die Kurzformen (Muster II und IV) benutze man möglichst nur dann, wenn nur mit einem Arbeitsverhältnis von kürzerer Zeitdauer zu rechnen ist, oder wenn bei Tarifbindung oder Verweis auf einen Tarifvertrag die Arbeitsbedingungen tariflich ausführlich geregelt sind. Beachten Sie bitte, daß eine schriftliche Regelung aller Arbeitsbedingungen späteren Streitigkeiten vorbeugt!

6. Eine Probeklausel (Muster I, § 1) ist nur notwendig, wenn eine Probezeit als wünschenswert erscheint und nicht ein befristetes Probearbeitsverhältnis vorausgeht (Muster hierfür in Broschüre 1 dieser Reihe). Bei Muster III ist keine Probeklausel vorgesehen, weil ihre Zulässigkeit und Formulierung hier von dem Tarifvertrag abhängt. Wenn der Tarifvertrag weder eine bestimmte Formulierung vorschreibt noch eine Probeklausel verbietet, kann die Klausel aus Muster I auch für Muster III übernommen werden.

Bei dieser Probeklausel endet das Probearbeitsverhältnis nicht automatisch, sondern muß gekündigt werden, wenn die Probezeit nicht zur Zufriedenheit verläuft. Die Kündigungsschutzbestimmungen des Mutterschutzgesetzes finden Anwendung, die des Schwerbehindertengesetzes nur dann, wenn das Probearbeitsverhältnis über 6 Monate hinaus fortbesteht. Besteht das Probearbeitsverhältnis über 6 Monate hinaus, so greift bei einer nach Ablauf von 6 Monaten ausgesprochenen Kündigung auch das Kündigungsschutzgesetz ein.

7. Die Tätigkeit wird zweckmäßigerweise genau umschrieben, eine Umsetzung zu einer anderen Tätigkeit aber vorbehalten. Zur Vermeidung späterer Streitigkeiten sollte festgelegt werden, ob und wann sich der Arbeitnehmer bei einer Umsetzung zu einer geringerwertigen Tätigkeit eine Lohnänderung gefallen lassen muß. Ist ein Tarifvertrag anzuwenden, so ist darauf zu achten, ob der Tarifvertrag Bestimmungen über die Umsetzung enthält.

8. Bestimmungen über die Arbeitszeiten sind nur notwendig, wenn diese nicht tariflich oder betriebseinheitlich festgelegt sind, oder wenn der Arbeitnehmer eine besondere Arbeitszeit haben soll (z. B. halbtags, nur nachts, nur am Tage usw.).

9. Die Entgeltregelung ist das Kernstück des Vertrages; sie muß den sehr unterschiedlichen betrieblichen Bedürfnissen und, bei Geltung eines Tarifvertrages, der Tarifregelung am sorgfältigsten angepaßt werden. Es ist genau zu überlegen, welche der vorgeschlagenen Formulierungen gewählt werden soll und wie sie etwa noch zu ändern ist. Beachten Sie, daß die Akkord- und Prämiengrundsätze entweder tariflich oder, bei Fehlen von Tarifbestimmungen, mit dem Betriebsrat gemeinsam festgelegt werden müssen. Die vertragliche Regelung muß damit übereinstimmen. Eine Pauschalabgeltung von Mehrarbeitszuschlägen ist nur dann zulässig, wenn wirklich ein Zuschlag in dem vereinbarten Lohn vorhanden ist. Übertarifliche Zulagen und Sozialzulagen (z. B. für Familienstand, Kinder) sollten immer getrennt ausgewiesen werden. Wenn eine übertarifliche Zulage (Muster III) nicht auf den jeweiligen Tariflohn bei Tariferhöhungen aufgestockt werden soll, empfiehlt sich eine Befristung bis zur Änderung der derzeitigen tariflichen Lohnsätze. Beachten Sie aber, daß bei einer solchen Befristung nach jeder Tarifänderung eine neue Vereinbarung über die übertarifliche Zulage getroffen werden muß.

10. Entgeltfortzahlung für Arbeitsversäumnis ist für bestimmte Fälle gesetzlich vorgeschrieben (z. B. nach dem Lohnfortzahlungsgesetz während der ersten 6 Wochen der Krankheit; nach § 616 BGB; nach den Feiertagsgesetzen auf Feiertagsvergütung). Darüber hinaus steht es den Vertragsparteien frei, die Entgeltfortzahlung zu vereinbaren oder auszuschließen. Bei Tarifbindung müssen die Tarifbestimmungen als Mindestbedingungen beachtet werden.

11. Der Erholungsurlaub ist in der Bundesrepublik gesetzlich geregelt: Er beträgt jetzt 18 Werktage für Erwachsene. Jugendliche, die zu Beginn des Kalenderjahres noch nicht 16 Jahre sind, erhalten 30, die noch nicht 17 sind 27, die noch nicht 18 sind 25 Werktage im Kalenderjahr, bei Beschäftigung im Bergbau unter Tage in jeder Gruppe 3 Tage zusätzlich. Schwerbehinderte und in manchen Ländern politisch Verfolgte erhalten einen Zusatzurlaub. Über die gesetzlichen Mindestbestimmungen hinaus kann Zusatzurlaub frei vereinbart werden. Gleiches gilt für ein zusätzliches Urlaubsgeld, das über die Weiterzahlung des Lohnes hinausgeht. Bei Tarifbindung muß mindestens der Tarifurlaub gegeben werden, falls tariflich ein zusätzliches Urlaubsentgelt vereinbart ist, mindestens dieses. Wartezeit und Stichtag für den Urlaubsanspruch sind im Bundesurlaubsgesetz geregelt, ebenso das Entgelt. Hiervon sind Abweichungen im Tarifvertrag zulässig, nicht aber im Arbeitsvertrag, soweit dieser nicht ausschließlich auf einen Tarifvertrag Bezug nimmt. Für Arbeitnehmer günstigere Regelungen (längerer Urlaub, kürzere Wartezeit) können auch im Einzelvertrag getroffen werden. **Vielfach wird die Zusage eines freiwilligen zusätzlichen Urlaubsgeldes, auch „Urlaubsgratifikation" genannt, mit einer Rückzahlungsklausel verbunden.** Das ist, soweit nicht ein Tarifvertrag einen unbedingten Anspruch auf Urlaubsgeld einräumt, nach der Rechtsprechung grundsätzlich zulässig. **Solche Klauseln dürfen aber nicht über eine unbestimmte oder für eine unangemessen lange Zeit vereinbart werden.** Ist das freiwillige Urlaubsgeld höher als 200 DM, dann ist dem Arbeitnehmer zuzumuten, nicht vor dem 31. 3. des Folgejahres auszuscheiden (vgl. unten 12). **Bei Urlaubsgratifikationen bis 200 DM ist eine Rückzahlungsklausel nichtig.**

12. Gewährung von Sonderleistungen ist freiwillig, in selteneren Fällen tariflich geregelt. Die in Muster I und III aufgeführten Regelungen sind Beispiele für die gebräuchlichen Regelungen. Bei Alters- und Hinterbliebenenversorgungen empfiehlt sich eine betriebseinheitliche Regelung und ein Verweis darauf im Vertrag. Weihnachts- und Jahresgratifikationen werden regelmäßig unter dem Vorbehalt der Freiwilligkeit gewährt; dieser Vorbehalt muß dann aber ausdrücklich in den Vertrag aufgenommen werden. Empfehlenswert ist es außerdem, bei der Ankündigung einer Gratifikation oder bei deren Auszahlung auf den Vorbehalt nochmals hinzuweisen. Bei betriebseinheitlichen Regelungen ist § 87 BetrVG zu beachten.

Die Rechtsprechung sieht es als zulässig an, die Gratifikationszusage mit einer sogenannten Rückzahlungsklausel zu verbinden. **Eine solche Klausel ist danach aber als verbotene, einseitige Kündigungsbeschränkung nichtig, wenn die Rückzahlungsverpflichtung auf eine ungebührlich lange Frist erstreckt wird.** Arbeitnehmern, die ein halbes oder ganzes Monatsentgelt erhalten, ist nach der Rechtsprechung zuzumuten, nicht vor dem 31. 3. des Folgejahres auszuscheiden. **Bei Weihnachtsgratifikationen bis 200 DM ist eine Rückzahlungsklausel nichtig.**

13. Wettbewerbsverbote für die Zeit nach der Beendigung des Arbeitsverhältnisses dürfen das spätere Fortkommen des Arbeitnehmers nicht unbillig erschweren; ein Verbot von Nebenbeschäftigung ist nur zu billigen, wenn der Arbeitnehmer voll beschäftigt wird. Wettbewerbsverbote sollten nur vereinbart werden, wenn wirklich ein dringendes betriebliches Interesse daran besteht. Den Bezirk, die Zeit, die Art von Betrieben und Tätigkeiten, für die das Verbot gelten soll, sollten ebenfalls auf das unumgänglich notwendige Maß eingeschränkt werden. Die Zeit darf nicht über zwei Jahre ausgedehnt werden. Eine Entschädigung für die Beschränkungen, die dem Arbeiter auferlegt werden, ist gesetzlich nicht vorgeschrieben, doch wendet das Bundesarbeitsgericht die für Handlungshilfen geltenden Bestimmungen (§§ 74 ff. HGB) auf Arbeitsverhältnisse aller Art entsprechend an. Damit ist eine Entschädigung in Höhe von mindestens der Hälfte der letzten Durchschnittsbezüge zwingend vorgeschrieben. Während des Bestehens des Arbeitsverhältnisses ist eine Tätigkeit des Arbeitnehmers im Konkurrenzunternehmen ohnehin treuwidrig, doch empfiehlt es sich, darauf ausdrücklich hinzuweisen.

14. Das unbefristete Arbeitsverhältnis bedarf zu seiner Beendigung der Kündigung und unterliegt dann den Kündigungsschutzbestimmungen. Kündigungsfristen und Kündigungstermine sind auch für Arbeiter vorgeschrieben (§ 622 BGB).

Allerdings hat das Bundesverfassungsgericht mit Entscheidung vom 30. 5. 1990 den die Kündigungsfristen für Arbeiter betreffenden Teil des § 622 BGB (§ 622 Abs. 2) für verfassungswidrig erklärt und dem Gesetzgeber aufgegeben, bis zum 30. 6. 1993 eine gesetzliche Neuregelung zu treffen. Hintergrund dieser Entscheidung ist die Ungleichbehandlung von Arbeitern und Angestellten bezüglich der Kündigungsfristen. Die Entscheidung des Bundesverfassungsgerichts betrifft nicht nur die einzelvertraglichen Vereinbarungen zu den Kündigungsfristen, sondern auch die in den Tarifverträgen enthaltenen Fristen, wobei es jedoch im Einzelfall beim Vorliegen von sachlichen Gründen zulässig sein soll, für Arbeiter kürzere Kündigungsfristen vorzusehen als für Angestellte. Es ist jedoch momentan nicht möglich, Aussagen darüber zu treffen, für welche Tarifverträge dies zutrifft. Hier sollten Sie die aktuelle Rechtsprechung beobachten.

Auf diesem Hintergrund kann nur empfohlen werden, die Kündigungsfristen für Arbeiter denen der Angestellten anzugleichen, was auch für das

Probearbeitsverhältnis zu beachten ist. Danach beträgt die Mindestkündigungsfrist einen Monat zum Monatsende, die normale gesetzliche Kündigungsfrist sechs Wochen zum Quartalsende. Es kann daher nur geraten werden, diese Fristen in neu abzuschließende Arbeitsverträge aufzunehmen, wobei die Verwendung der kürzeren Frist unbedenklich sein dürfte.

Auch die Kündigungsfristen für langjährig im Betrieb beschäftigte Arbeiter (§ 622 Abs. 2 Satz 2 BGB) hat das Bundesverfassungsgericht für verfassungswidrig gehalten. Auch hier kann nur empfohlen werden, die für Angestellte gültige Regelung nach dem Angestelltenkündigungsschutzgesetz 1926 zu verwenden. Danach gilt: Ist der Arbeitnehmer mindestens fünf Jahre beschäftigt, so beträgt die Kündigungsfrist drei Monate zum Schluß des Kalendervierteljahres. Sie erhöht sich nach einer Beschäftigungsdauer von acht Jahren auf vier Monate, nach einer Beschäftigungsdauer von zehn Jahren auf fünf Monate und nach zwölf Jahren auf sechs Monate, jeweils zum Schluß des Kalendervierteljahres. Bei der Berechnung der Beschäftigungsdauer werden Dienstjahre, die vor Vollendung des 25. Lebensjahres liegen, nicht mitgerechnet.

Diese Bestimmungen gelten nicht in den neuen Bundesländern. Hier bleibt es bis auf weiteres bei der Vorschrift des § 55 Arbeitsgesetzbuch (AGB). § 55 AGB sieht für Arbeiter und Angestellte keine unterschiedlichen Kündigungsfristen vor, so daß diese Regelung durch die Entscheidung des Bundesverfassungsgerichts nicht betroffen ist.

Vereinbarte Kündigungsfristen dürfen für eine Kündigung durch den Arbeitnehmer nicht länger sein als für Kündigung durch den Arbeitgeber. Die Vollendung des 65. Lebensjahres ist für sich noch kein Kündigungsgrund; soll das Arbeitsverhältnis zu diesem Zeitpunkt enden, so empfiehlt sich die Befristung auf diesen Zeitpunkt.

15. Die Vertragsstrafe soll vor unzulässigem Wettbewerb und Arbeitsvertragsbruch schützen; sie darf nicht unangemessen hoch sein, sonst kann das Arbeitsgericht sie herabsetzen. Es sollte stets gesagt werden, für welchen Zeitraum der Zuwiderhandlung die Vertragsstrafe gilt, oder ob sie ohne Rücksicht auf die Dauer der Zuwiderhandlung nur einmal verwirkt wird.

16. Regelungen, die für alle Arbeitnehmer gleich sein sollen (z. B. Arbeitszeit, Entlohnungsmethoden, Akkordgrundsätze, Bestimmungen über betriebliche Wohlfahrtseinrichtungen und soziale Maßnahmen, Verhalten im Betriebe), **legt man zweckmäßigerweise in der Arbeitsordnung oder in anderen Betriebsvereinbarungen fest.** Diese müssen mit dem Betriebsrat vereinbart werden. Im Arbeitsvertrag genügt dann ein Hinweis. Bei Tarifbindung oder Bezugnahme auf den Tarifvertrag (Muster III und IV) empfiehlt sich ein Hinweis auf den Tarifvertrag.

VI. Schrifttums-Hinweise

Gaul	Das Arbeitsrecht im Betrieb – Von der Einstellung bis zur Entlassung, 8. Aufl., Verlag Recht und Wirtschaft GmbH, Heidelberg
Grüll/Janert	Arbeitsrechtliches Taschenbuch für Vorgesetzte, 13. Aufl., I. H. Sauer-Verlag, Heidelberg
Hanau/Adomeit	Arbeitsrecht, 9. Aufl., Alfred Metzner Verlag, Frankfurt a. M.
Kammann/Meisel	Arbeitsrecht für die Betriebspraxis, Deutscher Instituts-Verlag, Köln
Schaub	Arbeitsrechtshandbuch, 6. Aufl., Verlag C. H. Beck, München

Das Arbeitszeugnis

Von Ltd. Regierungsdirektor **Hein Schleßmann**
11., neubearbeitete Auflage 1990,
143 Seiten, Kt.
ISBN 3-8005-6893-4
Schriften des Betriebs-Beraters, Band 27

Der Autor will der betrieblichen Praxis und der öffentlichen Verwaltung Hilfe dafür bieten, Zeugnisse den gesetzlichen Vorschriften und der neuen Rechtsprechung entsprechend sowie unter ausführlicher Berücksichtigung der Zeugnissprache zu formulieren.

Gliederungsschema, tabellarische Darstellung und Hinweise zur praktischen Umsetzung der „Neuen Zeugnisform" erleichtern es, die immer wieder auftretenden Formulierungsschwierigkeiten zu überwinden. Damit werden Arbeitgebern und Personalabteilungen künftig mancherlei Schwierigkeiten mit Zeugnisempfängern erspart bleiben.

Der Anhang enthält 30 Zeugnismuster als Formulierungshilfe für alle Zeugnisarten.

Taschenkommentar zum Betriebsverfassungsgesetz

Von Prof. Dr. **Manfred Löwisch**
2., neubearbeitete Auflage 1989 mit Nachtrag 1990,
540 Seiten, Kt.
ISBN 3-8005-6878-0
Taschenkommentare des Betriebs-Beraters

Aus einer Besprechung: „Der Taschenkommentar von *Löwisch* ist hervorragend geeignet, rasch und zuverlässig über den aktuellen Stand des Betriebsverfassungsrechts zu informieren und der betrieblichen Praxis eine ausführliche Orientierung über den Stand der Rechtsprechung und über die durch die Neuregelungen auftretenden Zweifelsfragen zu ermöglichen." *Die Verwaltung 1/90*

Verlag Recht und Wirtschaft
Heidelberg